**이은경쌤의 초등 글쓰기 완성 시리즈**

구분	1학년	2학년	3학년	4학년	5학년	6학년	중1
글쓰기 습관			Best! 세줄쓰기 초등 글쓰기의 시작					
	전래동화 바꿔쓰기							
			주제 일기쓰기				
독서 습관	기본 책읽고쓰기						
			심화 책읽고쓰기				
글쓰기 심화	표현글쓰기						
			자유글쓰기				
					생각글쓰기		
논술 대비	왜냐하면 글쓰기						
			기본 교과서논술				
			논술 쓰기				
					심화 교과서논술		
평가 대비			기본 주제 요약하기*				
					심화 주제 요약하기*		
				수행평가 글쓰기*			
영어 글쓰기	영어 한줄쓰기						
			영어 세줄쓰기*				
					영어 일기쓰기*		

별표(*) 표시한 도서는 출간 예정입니다.

 **이은경쌤의 초등 글쓰기 완성 시리즈 교재 선택 가이드**

- 앞장의 가이드맵을 보면서 권장 학년에 맞추거나 목적에 따라 선택하세요.
- 〈책읽고쓰기〉〈교과서논술〉〈주제 요약하기〉처럼 기본편과 심화편으로 구성된 경우에는 기본편과 심화편을 둘 다 해도 되고, 권장 학년에 맞추어 둘 중 하나만 골라서 해도 돼요.

몇 학년이든 모든 글쓰기는 〈세줄쓰기〉로 시작해요

글쓰기 습관이 필요하다면?
〈전래동화 바꿔쓰기〉
〈주제 일기쓰기〉

＋

독서 습관이 필요하다면?
〈 기본 책읽고쓰기〉
〈 심화 책읽고쓰기〉

⬇

글쓰기 습관과 독서 습관을 모두 갖추었다면?

〈표현글쓰기〉 〈왜냐하면 글쓰기〉 〈자유글쓰기〉 〈생각글쓰기〉

⬇

이제 논술과 수행평가를 대비할 차례! 무엇부터 해야 할까요?

논술을 대비하고 싶다면?
〈 기본 교과서논술〉
〈 심화 교과서논술〉
〈논술 쓰기〉

＋

수행평가를 대비하고 싶다면?
〈 기본 주제 요약하기〉*
〈 심화 주제 요약하기〉*
〈수행평가 글쓰기〉*

영어도 대비하고 싶다면? 〈영어 한줄쓰기〉 〈영어 세줄쓰기〉* 〈영어 일기쓰기〉*

별표(*) 표시한 도서는 출간 예정입니다.

이은경쌤의
초등 글쓰기 완성 시리즈

3-5학년 권장

자유글쓰기

자유롭게 마음껏 쓰다 보면 긴 글 쓰기가 쉬워져요

이은경쌤의
초등 글쓰기 완성 시리즈

3-5학년 권장

자유글쓰기

자유롭게 마음껏 쓰다 보면 **긴 글 쓰기**가 쉬워져요

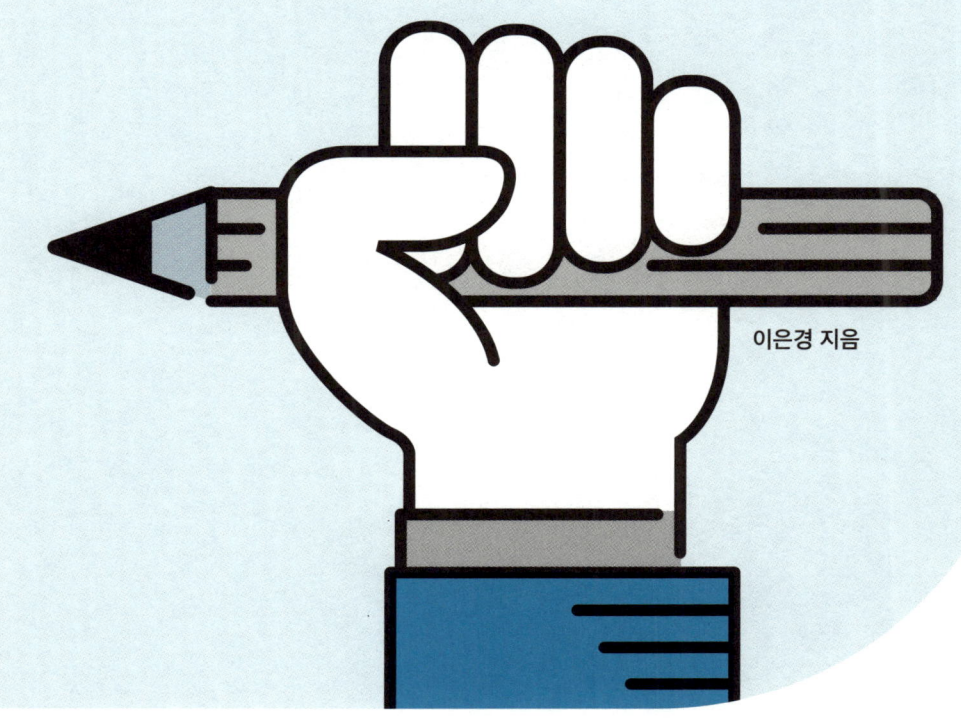

이은경 지음

상상아카데미

차 례

시작하기 전에	6
글 잘 쓰는 비법, 궁금하니?	8
자유글쓰기, 어떻게 써야 할까?	10
자유글쓰기, 이렇게 써 봐!	12
즐거운 자유글쓰기 주제 60	15

시작하기 전에

안녕!

나는 오늘부터 너와 매일 즐겁게 이야기 나누고, 함께 글을 쓰게 될

<u>이은경 선생님</u> 이라고 해.

내가 어떻게 생겼는지, 어떤 사람인지 궁금할 수 있으니 내 사진을 보여줄게.

그래도 궁금증이 완전히 풀리지 않는다면 지금 <u>여기</u> 에 가서 잠시 보고 오렴.
허겁지겁 글부터 쓰기 전에 네가 누군지 알고 싶어. 난 네가 많이 궁금하거든.
참, 내 이름은 이은경이야. 나의 작가 이름은 <u>노릇노릇 오징어 작가</u> 이고!

_____, _____, _____를 좋아하고

_____, _____, _____를 잘하는

나의 이름은 _____야. 나는 _____,

_____, _____를 할 때 행복하고,

_____, _____를 할 때 자신감이 솟아!

나는 글을 아주 잘 써. 그러니 오늘부터 나를 작가라고 불러 줘.

글을 쓸 때 사용할 나의 작가 이름은 _____야.

이름의 뜻은 _____이지.

와! 역시, 너는 멋지고 재미있는 면이 많은 사람이구나. 궁금해, 궁금해! 너를 더 알고 싶고, 당장 만나서 하나씩 물어보고 싶지만, 참을게.

대신, 오늘부터 나는 너의 글을 기다릴 거야. 이름부터 멋진 우리 작가님이 얼마나 재미있는 글을 써 줄지 기대할 거야!

글 잘 쓰는 비법, 궁금하니?

멋지게 작가 이름을 지었다고 해서 작가가 되는 건 아니야. 이름만 작가님이면 곤란해. 나는 네가 실제로 글을 잘 쓰는 진짜 작가님이 되면 좋겠어. 그런데 많은 친구들이 이런 질문을 하더라고!

우리는 왜 글을 잘 써야 하는 걸까?

장래 희망이 소설가나 시인이 아닌데도 글을 잘 써야 하냐는 말이야. 수학이랑 영어 공부만으로도 버겁고 어려워서 머리가 아픈데, 글까지 잘 쓰기는 힘든 일이잖아.

나도 그렇게 생각했는데, 글을 잘 쓰면 좋은 일이 많이 생기더라고. 정말이야. 아마 네가 생각하는 것보다 좋은 일이 더 많이 생길 거야.

꾸준히 하다 보면 이전보다 더 똑똑해지고, 시험지의 답안을 적을 때 덜 힘들고, 그러다가 백 점을 받기도 하고, 부모님과 선생님께 칭찬도 받게 될 거야. 어떤 상황에서든 나의 생각을 글로 표현하는 것이 조금씩 어렵지 않게 되고, 수업 내용도 이해하기 쉬워질 거야.

한 마디로 글을 잘 쓰는 건 너의 인생에 많은 기회를 가져다 줄 무기를 얻는 거나 마찬가지야. 그렇게 좋은 무기를 어디서 구하냐고? 바로 이 책이 너의 강력한 무기가 되어줄 거야. 어때? 당장 글을 잘 쓰고 싶은 마음이 들기 시작하지?

첫째, 매일 써.

매일 쓰기 귀찮다고? 다른 숙제 하느라 바쁘다고? 알지, 알지, 잘 알지.
그래도 매일 써야 해. 매일 쓰면 잘 쓰게 되거든.
잘 쓰지 못해도, 조금만 써도 괜찮아!
매일 쓰다 보면 굳이 더 잘 쓰려고 노력하지 않아도 저절로 잘 쓰게 될 거야.

둘째, 매일 읽어.

쓰는 연습을 해야지, 왜 매일 읽냐고?
책을 읽는 것은 생각을 키우고 그 생각을 활발하게 해 주는데
아주 큰 영향을 미치기 때문이야. 매일 읽고 쓰면, 자연스럽게 똑똑해질 거야.
글을 잘 쓰는 건 기본이겠지!

셋째, 내 글을 자랑해.

쑥스럽다고?
오늘 네가 쓴 글은 세상 어디에도 없고, 누구도 절대 쓸 수 없는 대단한 글이야.
오늘부터 이 책에 쓰는 글은 열심히 자랑하고 다녀.
더 자랑하고 싶으면, 더 자주 써서 자랑해 봐!

자유글쓰기, 어떻게 써야 할까?

　네가 오늘부터 쓰게 될 글은 자유글쓰기야.
이름이 자유글쓰기인데, 규칙이 있다면 그건 말도 안 되는 일이야!
자유글쓰기라면 자유가 있어야지!
　한 가지만 기억해. 이 책에 글을 쓸 때는 다 자유야.
누구도 너의 글을 보고 지적하거나 다시 쓰라고 할 수 없어! 고치라고도 할 수 없지. 그건 자유가 아니야.
　내가 들려주는 이야기를 듣고 너의 생각을 써도 되고, 경험을 써도 되고, 상상해서 써도 돼. 솔직하게 써도 되고, 거짓말로 써도 되고, 길게 써도 되고, 짧게 써도 다 괜찮아. 다 쓴 글을 자랑해도 되고, 꼭꼭 숨겨도 좋아.

　중요한 건, 네가 글을 썼다는 사실이야.

더 잘 쓰기 위해 애쓸 필요는 없어. 내키는 대로 일단 써 보자고!
그래도 잘 쓰고 싶은 작가님들은 오른쪽 페이지를 읽어 봐.

첫째, 기발한 생각을 담아 봐.

누구나 생각해낼 수 있는 평범한 이야기 말고, 오직 너만이 할 수 있는 이야기가 있을 거야. 나는 그렇게 믿어. 다른 책, 다른 사람의 글에서는 한 번도 들어볼 수 없었던 이야기를 너는 만들어 낼 수 있어.

둘째, 불가능할 것 같은 이야기를 만들어 봐.

우리는 가능한 일만 계획하고, 있을 법한 일만 생각하는 틀에 갇혀 있어.
사실 우리는 완전히 자유고, 마음대로 뭐든 다 할 수 있는데 말이야.
그 자유를 글을 쓰며 마음껏 누려 봐! 누가 뭐라고 해도 상관없어.
내 글인데, 뭐 어때!

셋째, 스스로 다른 사람이라고 생각해 봐.

무엇이든 할 수 있는 글에서까지 꼭 너 자신일 필요는 없어.
글에서만큼은 동물이 되거나 가수가 될 수도 있어. 물건이 될 수도 있고.
거울 속의 나 말고 또 다른 내가 되어 보는 거야!

자유글쓰기, 이렇게 써 봐!

예시

1 오늘부터 내가 나의 이야기를 하나씩 써 줄거야.
내 이야기를 먼저 읽어 봐.

나는 지금 내가 좋아하는 사람들과 하와이로 가는 비행기 안에 있어. 코로나 때문에 여행도 못 가고 집에만 꼭꼭 갇혀 있었는데, 드디어 여행을 가게 된 거지. 정말 신나!

한 가지 더 나를 신나게 하는 것을 알려줄까? 이 비행기는 전 세계에 단 세 대뿐인 특별한 비행기야. 특별한 기내식을 만들어 주는 특별한 비행기. 정말 놀랍지? 원하는 음식은 뭐든 주문할 수 있어. 예전에 여행할 때 기내식이 입맛에 맞지 않아 먹지 못한 적이 있거든. 내가 좀 입맛이 까다로워! 목적지인 하와이에 도착할 때까지 기내식을 주문할 기회는 딱 두 번. 이 기회를 어떻게 사용하면 좋을까?
그래, 결정했어. 내가 주문할 하와이행 비행기의 첫 번째 기내식은 랍스터 버터 구이야. 어머나, 너도 굉장히 좋아하는 음식이라고?

만일 네가 이 비행기를 탄다면 ~~~거니?
아! 네가 여행할 곳도 함께 ~~~

3 그래도 쓰기 어렵다고?
그러면 여기에 있는
QR 코드를 찍어 봐.
내가 도와 줄게.

> **2** 다 읽고 나면, 이제 네 차례야.
> 첫 문장은 내가 미리 써 두었어.
> 네가 나머지 공간을 채워 줘.
> 네 마음대로 말이야!

내가 오늘 (　　이탈리아 로마　　)로 가는 비행기에서 주문할 기내식은 (　　라볶이　　)야.

나는 그냥 떡볶이보다 라면이 들어간 라볶이가 더 좋아.

라볶이는 새롬이와 나의 추억이 담긴 음식이거든. 새롬이는 3학년 때 나의 단짝이었는데, 새롬이네 아빠 직장 때문에 이탈리아 로마로 이사 갔어. 지금 나는 새롬이를 만나러 가는 길이고.

새롬이와 나는 학교 수업을 마치고 자주 라볶이를 먹었었어.

얼마나 맛있었는지 몰라! 승무원 언니께 라볶이를 주문했더니, 걱정하지 말라고 하시네.

나는 라볶이와 함께 바나나 우유를 주문했어. 내가 매운 걸 잘 먹지 못하는 편이라서 라볶이를 먹으려면 바나나 우유가 필요해.

새롬이와 라볶이를 먹을 때도 바나나 우유를 곁들여 먹었었어.

이렇게 뭐든지 주문할 수 있는 비행기를 타니까 정말 신나!

새롬이를 만나고 다시 한국에 돌아올 때는 또 어떤 기내식을 주문해 볼까?

즐거운 자유글쓰기 주제
60

지금부터 하나씩 너의 이야기를 들려줄래?
나는 너의 마음, 생각, 느낌, 계획, 상상, 경험이 정말 정말 궁금해.
이곳에 하나씩 적어 줘. 내가 너의 글을 읽는 것만으로도
너랑 친구가 될 수 있게 말이야.
'노릇노릇 오징어 작가'인 내가 먼저 나의 이야기를 들려줄게.
너는 나의 이야기를 읽으면서 떠오르는 너의 이야기를 적으면 돼.
네가 무슨 이야기를 적어줄지 벌써 기대되는 걸?

나는 지금 내가 좋아하는 사람들과 하와이로 가는 비행기 안에 있어. 코로나 때문에 여행도 못 가고 집에만 꼭꼭 갇혀 있었는데, 드디어 여행을 가게 된 거지. 정말 신나!

한 가지 더 나를 신나게 하는 것을 알려 줄까? 이 비행기는 전 세계에 단 세 대뿐인 특별한 비행기야. 특별한 기내식을 만들어 주는 특별한 비행기. 정말 놀랍지? 원하는 음식은 뭐든 주문할 수 있어. 예전에 여행할 때 기내식이 입맛에 맞지 않아 먹지 못한 적이 있거든. 내가 좀 입맛이 까다로워! 목적지인 하와이에 도착할 때까지 기내식을 주문할 기회는 딱 두 번. 이 기회를 어떻게 사용하면 좋을까?

그래, 결정했어. 내가 주문할 하와이행 비행기의 첫 번째 기내식은 랍스터 버터 구이야.

어머나, 너도 굉장히 좋아하는 음식이라고?

만일 네가 이 비행기를 탄다면 넌 첫 번째로 어떤 음식을 주문할 거니?

아! 네가 여행할 곳도 함께 알려줘!

내가 오늘 (　　　　　　　)로 가는 비행기에서 주문할

기내식은 (　　　　　　　)야.

나는 사람들에게 존경받는 건축가야. 런던, 카이로, 뉴욕, 서울에도 내가 설계한 100층 높이의 건물들이 세워져 있고, 전 세계 사람들의 사랑을 받고 있지.

그런 내가 드디어 우리 집을 설계하기로 했어. 이 건물이 완성되면 사랑하는 우리 가족과 함께 살 계획이야. 나는 가족 모두가 만족하는 집을 짓고 싶어. 그러기 위해서는 각자 집에서 하고 싶어 하는 일이 무엇인지 알아야 해.

먼저, 우리 아빠는 벽을 가득 채우는 커다란 텔레비전으로 영화 보기를 좋아해. 우리 엄마는 방에서 신나는 음악을 틀어 놓고 땀을 뻘뻘 흘리며 운동하는 걸 좋아하지. 나는 아빠를 위한 영화 방과 엄마를 위한 운동 방을 만들 거야. 나는 신발 모으기를 좋아하니까 엄청나게 커다란 신발장이 필요해. 노래를 좋아하는 동생을 위해서는 방음이 되는 방을 만들어 줄 거야. 그리고 우리 집을 "행복동산"이라고 부를 거고.

너도 너희 가족이 함께 살 멋진 집을 만들어 봐.

✏️ 내가 지을 우리 집의 이름은 (　　　　　　　　　　　　　　)이야.

우리 집은 말이야!

오늘은 내가 반드시 지킬 수 있는 완벽한 계획표를 만들려고 해.

먼저, 실컷 늦잠을 자고 아침 10시에 일어날 거야. 일어나서 바로 뒹굴뒹굴하며 텔레비전을 봐야지. 배가 고프니까 소파에 누워서 쿠키와 치킨을 집어 먹으면 되겠다.

텔레비전 보는 게 슬슬 지겨워지면 밖에 나갔다 올 거야.

친구들과 신나게 놀고 나서 집에 돌아와 유튜브를 볼 생각이야. 요즘 나는 '흔한 남매'에 빠져 있거든. 역시 나의 계획표는 완벽해! 유튜브를 보고 나면 배가 고프겠지? 엄마께 부탁드려서 피자를 시켜 먹을 생각인데, 불고기 피자가 좋겠어.

피자를 먹고 나서는 만화책을 읽을 거야. 책을 읽어야 똑똑한 사람이 되지 않겠어?

그러다 보면 슬슬 졸음이 쏟아지겠지? 양치질은 계획표에 넣지 않겠어.

너무 졸리고 귀찮아지면 양치질을 하지 않게 되더라고. 하하하.

너도 완벽하게 지킬 수 있는 계획표를 만들어 봐! 그리고 모두 지켜 봐!

오늘 하루 동안 꼭 지킬 수 있는 계획을 세워 보겠어. 먼저, 아침 (   ) 시에 일어날 거야.

나에게는 기가 막히게 잘 어울리는 별명이 있어. 바로 '여름 바다의 노릇노릇 새끼 오징어'야. 어쩌다 이 별명을 갖게 되었냐고?

나는 12월, 겨울에 태어났어. 겨울에 태어나면 겨울을 좋아한다던데, 나는 청개구리 같은 면이 있는지 여름이 더 좋아! 나는 해마다 여름이 되면 엄마, 아빠를 졸라 바다에 놀러 가고는 해. 왜 바다에 놀러 가느냐고? 바로 오징어 때문이야! 먼바다로 헤엄쳐 나가면 깊은 바닷속에 오징어가 정말 많고 예뻐. 오징어들과 함께 수영하고 싶어서 여름마다 바다에 가는 거야.

그중에서도 가장 귀여운 건 새끼 오징어들이야. 이제 막 태어난 오징어들은 노란색이라서 꼭 병아리 같아. 나는 노릇노릇한 새끼 오징어들과 함께 놀고 사진도 찍고 게임도 하지. 내가 새끼 오징어들과 노는 모습을 보면 꼭 나도 노란 새끼 오징어 같다고 해서 우리 부모님께서 나에게 '여름 바다의 노릇노릇 새끼 오징어'라는 별명을 지어 주셨어.

너의 별명은 뭐니? 누가 지어 준 별명이야?

나의 별명은 (   )야.

요즘 나는 내가 직접 일을 해서 번 돈이 있었으면 좋겠어.

내가 할 수 있는 일에는 무엇이 있을까?

길거리에서 붕어빵을 구워서 팔 수도 있겠지? 집에서 호떡 믹스로 호떡을 구워 본 적이

있는데, 맛도 모양도 나쁘지 않았어. 또, 편의점이나 큰 슈퍼에서 일하면 좋을 것 같아.

내가 좋아하는 과자들이 정말 많으니까. 치킨 가게도 좋을 것 같아. 닭을 기름에 잘 튀기

면 되지 않을까?

어른이 되면, 뭐가 됐든 내가 할 수 있는 일을 찾아내고 열심히 해서 돈을 벌 거야.

그래서 사고 싶었던 장난감도 사고, 부모님께 선물도 드리고 싶어.

너는 어떤 일을 해서 돈을 벌고 싶니?

✏️ 드디어 나도 어른이 되었어. 돈을 벌기 위해 내가 선택한 첫 일은
(   )야.

나는 우리 엄마 음식이 세상에서 최고로 맛있는 줄 알았어. 엄마가 해 주는 음식을 먹을 때마다 엄지 척했어. 엄마의 떡볶이는 달콤했고, 엄마가 만든 치킨은 최고였어.

그런데 내 입맛이 점점 달라지기 시작했어. 유치원에서 반찬으로 나온 치킨너깃이 우리 엄마 치킨보다 맛있더라고. 친구 집에서 먹은 떡볶이도 더 맛있었어.

솔직히 말해서, 우리 엄마 음식이 최고는 아닌 것 같아. 이제는 엄마의 음식을 먹어도 엄지가 척 올라가지 않아. 세상에 맛있는 음식이 많다는 걸 알게 되었으니까.

우리 엄마 음식은 살짝 싱거운 편이야. 엄마는 짠 음식이 몸에 안 좋다면서 늘 싱겁게 만들거든. 떡볶이만 해도 그래. 분식집에서 사다 먹을 때는 탱탱하고 쫄깃한 느낌이 나는데 엄마가 만든 떡볶이는 흐물흐물하고 별로야.

너희 엄마의 요리는 어떠니? 솔직히 말해 봐. 엄마에게는 비밀로 해 줄게.

우리 엄마가 즐겨 해 주시는 음식은 (   ),
(   )가 있는데, 솔직히 말하면

우리 반에는 나보다 훨씬 키도 크고, 운동도 잘하고, 공부도 잘하는 친구들이 많아.

그런데도 우리 반에서 대표를 뽑는다면, 내가 대표 선수가 될 만한 종목이 있어.

뭐냐고?

나는 우리 반, 어쩌면 우리 학교에서 가장 손이 예뻐. 에이, 그게 뭐 대단한 일이냐고? 나에게는 정말 대단한 일이야. 얼마나 예쁜지 들어봐. 먼저, 손가락이 길쭉해. 이거는 아빠를 닮았는데, 가늘지도 두껍지도 않으면서 길쭉하게 뻗어 있어. 손톱도 예뻐. 손톱에 아무것도 바르지 않았는데 반짝반짝 윤이 나고 동글동글 귀엽게 생겼지.

학교에서 국어, 수학 시험만 보지 말고 예쁜 손 자랑하기 대회가 열렸으면 좋겠어. 그럼 나는 1등 할 자신이 있는데 말이야. 학교 대표가 되어 다른 학교의 대표와 붙어도 이길 자신이 있고.

너는 어떤 종목에서 대표라고 생각하니? 너만의 자신 있는 종목을 알려줘.

✏️ 만약에 우리 학교에서 (   ) 대회가 열린다면

해보나 마나 1등은 나야.

오늘 아침, 정말 놀랄 만한 일이 일어났어.

졸린 눈을 비비며 막 세수를 하려고 수돗물을 틀었는데, 수도꼭지에서 새하얀 액체가 졸졸 흘러나오는 거야. 깜짝 놀라 소리를 질렀지. 그때 엄마는 부엌에서 설거지를 하고 계셨는데, 부엌의 수도꼭지에서도 똑같이 새하얀 액체가 나오고 있었어.

엄마는 놀란 나를 보며 오히려 웃으셨지.

"오늘 하루 동안 물 대신 우유가 나올 거야. 우유로 그릇을 씻으니 뽀득뽀득 더 잘 닦이는 거 같아. 어서 머리 감고 학교 가야지."

머리를 감기 위해 샤워기를 틀었더니 새하얀 우유가 흘러나왔어. 우유 색깔 때문인지 샴푸 거품이 제대로 씻겨 나갔는지 알 수 없었어. 우유로 하얗게 뒤덮인 머리카락을 간신히 털어서 말리고 밥을 먹으려고 보니 이런, 하얀 우유밥이 나를 기다리고 있네.

뭐? 너희 집에도 지금 수도꼭지에서 우유가 나오기 시작했다고?

놀이터에서 들어와 손을 씻으려고 세면대의 물을 틀었는데, 새하얀 우유가 콸콸 쏟아져 나오기 시작했어.

국어, 수학, 사회, 과학. 너무 따분해. 도대체 이런 과목들은 누가, 왜 만든 거야?

나는 새로운 과목을 만들 거야. 내가 만들 과목은 '만화'야. 나는 만화를 정말 좋아하거든. 1학년부터 6학년까지 만화를 아주 자세히 공부하게 될 거야.

먼저 1학년 만화 수업 시간에는 뽀로로와 같은 애니메이션을 보는 거야. 반 아이들이 좋아하는 에피소드를 고르게 하고, 다 함께 즐겁게 보는 거지. 2학년 때는 좋아하는 만화책을 실컷 읽게 할 거야. 3, 4학년이 되면 본격적으로 만화 그리는 방법을 배우게 할 거야. 만화는 아무렇게나 그리면 된다고 생각하겠지만, 그건 착각이야. 잘 그리고 싶다면 배우고 연습해야 하는 건 만화도 똑같다고.

5, 6학년 때는 직접 만화를 그려 볼 거야. 국어 시간에 읽은 글을 만화로 그려 보고, 수학 시간에 풀었던 문제를 만화로 다시 내 보는 거지. 어때? 열심히 해 볼 마음이 생기겠지?

너는 어떤 걸 좋아하니? 네가 과목을 정할 수 있다면, 어떤 과목을 만들고 싶어?

✏️ 초등학교 6년 동안 내가 공부해 보고 싶은 과목은 (   )이야. 깜짝 놀랐지?

우리 집에는 최첨단 기능을 가진 책상과 의자가 있어.

이 책상은 내가 의자에 앉는 순간 주변의 밝기에 따라 조명을 알맞게 조절해서 비춰줘.

밤에는 매우 밝게, 낮에는 적당히 눈이 피로하지 않을 정도로 말이지.

또 공부할 과목을 결정하고 얼마 동안 할 건지 시간을 입력하면 과목과 시간에 어울리는 음악을 틀어 줘. 집중이 잘될 수 있게 해 주는 음악이 흘러나올 거야.

그뿐만이 아니야. 공부하다가 간식이 먹고 싶으면 여러 가지 메뉴 중 원하는 간식을 고를 수도 있어. 고르고 나면 책상 아래쪽 간식 서랍에 간식이 준비되지. 엄마, 아빠가 바쁘시거나 주방에 나가서 간식을 찾아 먹기 귀찮을 때마다 이용하는 기능이야.

공부를 시작한 지 30분이 지나면 '잠시 일어나 가볍게 몸을 움직이세요.'라고 말해 줘. 이 말을 들으면 얼른 일어나 가벼운 체조를 해. 체조할 때는 내가 미리 설정해 둔 BTS 오빠들의 노래를 틀어 주는 것도 아주 마음에 드는 기능이야.

너희 집의 최첨단 책상과 의자에는 어떤 기능이 있니?

✏️ 전 세계에 단 하나뿐인 우리 집의 최첨단 책상과 의자 세트를 소개할게. 아마 깜짝 놀랄 거야.

세상에 이런 일이?

잘 자고 일어나 눈을 떴는데 평소와는 다른 느낌이 들었어. 털옷을 잔뜩 껴입은 것처럼 답답한 기분이 들고, 이불의 부스럭거리는 소리가 아주 선명하게 들려서 이상하기도 했고. 아무래도 이상해서 몸을 살펴봤더니, 이게 뭐야! 내가 개가 된 거야.

개가 된 나는 차를 몰고 바다로 향했어. 가는 길에는 잠시 카페에 들러 커피 한 잔을 샀지. 카페 사장님께서 내 털이 멋지다며 엄지를 들어 주시더라. 역시, 보는 눈이 있으셔.

바다에서는 친구들을 만나려고 해. 오늘 오후 3시, 태평양 바다 한가운데에서 나의 친구들인 거북이, 문어, 독수리, 돼지와 모여 다이빙을 하기로 했거든. 약속대로 바다에 모인 우리는 차례로 다이빙을 시작했어. 나는 다이빙을 하다 넘어져서 바닷물을 엄청나게 많이 삼켰지 뭐야. 바닷물이 어찌나 달콤한지! 마치 누가 초콜릿을 내 코에 가득 붓는 것 같았어.

어머나, 너도 동물이 되었다고? 어떤 동물이 되었니?

잘 자고 일어나 눈을 떴는데 평소와는 다른 느낌이 들었어. 어제까지만 해도 사람이었던 내가 자고 일어나니 (   )가 되어 있었어!

나는 무인도에 가서 살기로 했어. 앞으로 내가 살 곳은 남태평양의 어느 작은 섬이야. 드디어 다음 주면 그곳으로 떠나. 무섭지 않냐고? 무섭긴 뭐가 무서워. 공부 안 하고 마음껏 자유롭게 살 생각에 벌써 기대가 되는걸?

한 가지 아쉬운 점이 있다면, 원하는 모든 것을 가져 갈 수 없다는 거야. 내가 가진 것 중에서 단 세 가지만 가져갈 수 있어. 지난 일주일 동안 고민한 끝에 결정했지.

첫째, 미술 도구 세트야. 그림 그리는 걸 좋아하지는 않지만, 아무도 없는 무인도에서 풍경만 보고 있으면 지겨울 것 같아. 보지만 말고 따라 그려야겠다는 생각을 했지. 할머니께서 사 주신 스케치북, 색연필, 물감이 들어 있는 미술 도구 세트를 챙겨 가겠어.

둘째, 게임기도 가져 가야지. 혼자 지낼 때는 게임이 안성맞춤이야. 지난 성탄절에 선물로 받았거든. 그때를 생각하면 지금도 기분이 좋아.

마지막으로 무전기를 챙길 거야. 우리 가족과 연락을 주고받을 수 있을 테니까.

너도 무인도에 갈 거라고? 너는 무엇을 챙겨갈 거니?

✏️ 내가 혼자 무인도에 갈 때 꼭 가지고 갈 세 가지는 (   ),
(   ), (   )야.

나는 내가 엄마 뱃속에 있을 때 밖에서 들렸던 모든 소리를 기억하고 있어. 할아버지, 할머니는 내가 아들인지 딸인지를 항상 궁금해 하셨고, 엄마는 배를 따뜻하게 쓰다듬으면서 나를 위해 노래를 불러 주었어. 아빠는 동화책을 읽어 주셨지.

늘 좋은 이야기만 들었던 건 아니야. 내가 점점 자랄수록 엄마는 무겁고 힘들다며 한숨을 푹푹 쉬기도 했지. 사람들은 뱃속에 쌍둥이가 들었냐며 힘들겠다고 걱정해 주기도 했어.

당황스러웠던 기억이 있는데, 그건 바로 내가 태어나던 날이었어. 뱃속 생활이 따분해서 아빠, 엄마를 만나기 위해 나가려고 했는데, 의사 선생님이 안 된다고 하시는 거야. 아직 7개월 밖에 안 되었다면서 말이야. 엄마는 벌써 나오면 안 된다고, 어떻게 하면 아이가 뱃속에 더 머물 수 있느냐고 물으면서 엉엉 울었어. 정말 이해가 안 되더라고. 엄마의 바람과 달리 나는 바로 그날 세상에 '뿅' 하고 태어났고, 엄마는 나를 보며 나보다 더 크게 울었어.

너도 뱃속에서 들었던 일을 기억하지? 가장 기억에 남는 일을 말해 줄래?

✏️ 내가 엄마 뱃속에 있던 시절에 겪은 황당한 사건을 알려 줄게.

하루 중 가장 기분 좋고 설레는 순간은 우리 집에 택배가 올 때야.

오늘도 두 개의 택배가 도착했는데, 그중 가장 큰 상자를 내가 열었어. 비록 내가 주문한 건 아니지만 우리 집에서 택배 상자를 여는 건 내 몫이거든. 택배 상자를 열 때마다 얼마나 설레는지 몰라.

첫 번째 보라색 상자에는 문어 열 마리가 들어 있었어. 내가 엄마를 졸라 주문한 거야. 너도 알다시피 문어는 대머리잖아. 요즘처럼 한겨울에는 대머리 문어가 얼마나 추울까 싶어 모자 쓴 문어를 주문했는데, 실수로 수영 모자 쓴 문어를 주문하는 바람에 문어 열 마리가 알록달록한 수영 모자를 쓰고 왔더라. 그것까지는 괜찮았는데, 문제는 양말을 함께 주문해야 한다는 것을 깜빡했어.

그 다음부터 내가 한 일을 너는 알고 있지?

내가 무엇을 어떻게 했고, 그래서 어떤 일이 벌어졌니?

✏️ 너는 양말을 사러 가려고 집을 나섰는데, 그때 (

).

내 인생 가장 창피한 날은 내가 초등학교 3학년 때였어. 용기 내어 고백해 볼게. 너무 많이 웃지는 말아줘.

학교를 마치고 집으로 돌아가는 길이었어. 출발할 때부터 배가 좀 아프긴 했는데, 빨리 집에 가고 싶은 마음에 화장실에 들르지 않고 그냥 출발했어. 참, 우리 집은 학교에서 20분 정도 걸리는 곳에 있어. '그 정도는 참을 수 있는 나이잖아.'라고 생각했지만, 나의 완벽한 착각이었어. 배는 점점 더 심하게 아파 왔고, 똥이 마려워 도저히 참기가 어려웠어. 집으로 가는 길에는 화장실도 없었지. 땀이 삐질삐질 흐르고 얼굴이 찌푸려졌어. 지나가던 친구들이 왜 길에 서 있냐고 물었지만, 나는 대답도 하기 힘들었어.

그래서 어떻게 되었냐고? 잘 참고 집에 무사히 도착했기를 바라겠지만, 천만에. 나는 그만 똥을 싸 버리고 말았어. 그것도 아주 많이. 따뜻한 똥이 팬티를 가득 채웠고, 얼마나 많았는지 팬티가 무겁게 느껴지기까지 했어. 아이, 창피해!

네가 가장 창피했던 일은 뭐야?

✏️ 아무에게도 말하고 싶지 않았던 나의 부끄러운 비밀을 오늘 털어놓으려고 해.

엄마, 아빠를 보면서 대단하고 멋지다고 느낄 때도 많지만, 도저히 이해되지 않을 때도 많아. 도대체 왜 이렇게 이야기하는 걸까?

"이게 다 너를 위해서 하는 말이야."

우리 아빠, 엄마는 나를 혼내면서 항상 이 말로 마무리를 하셔. 그런데 아무리 생각해도 이해가 되지 않아. 나를 정말 위한다면 혼을 내서는 안 되는 거잖아! 숙제를 덜 했거나, 동생과 다투었거나, 깜빡 잊고 심부름을 제대로 못 했을 때라도 먼저 이유를 물어보고 차분히 이야기하면 되잖아. 다음에 더 잘하라고 격려해 주고, 그래도 사랑한다고 따뜻하게 말해 줘야지, 안 그래? 소리부터 버럭 지르고 화를 내면서 이게 다 나를 위한 거라고 하실 때마다 정말 이해가 되지 않아서 답답해.

너도 부모님이 이해되지 않을 때가 있지? 어떤 말이나 행동도 좋아. 네가 이해하기 어려운 것을 하나 골라서 그게 왜 이해되지 않는지 말해 줄래?

✏️ 엄마, 아빠께서 나에게 하시는 것 중에 도저히 이해되지 않는 것이 있어.

" (   ). "

나는 햄버거 가게의 주인이 될 거야. 나는 햄버거를 정말 좋아하거든.

얼마나 좋아하느냐면, 내 생일에 받고 싶은 선물 1위가 '온종일 햄버거를 무제한으로 먹을 수 있는 쿠폰'이었다니까. 그래서 결심했지. 어른이 되면 햄버거 가게의 주인이 되기로. 그렇게만 된다면 나는 내가 원하는 햄버거를 직접 만들 수 있고, 햄버거도 실컷 먹을 수 있을 거야. 좋은 생각이지?

햄버거 가게 주인이 되면, 나만의 특별한 햄버거를 만들 거야. 재료는 간단해. 내가 좋아하는 과일을 듬뿍 넣는 거지. 햄버거에 새콤달콤한 과일이 들어가면 얼마나 맛있겠어? 과일은 색깔도 예뻐서 햄버거가 지금보다 훨씬 더 먹음직스러워 보일걸? 사람마다 좋아하는 과일은 다르니까 여러 가지 과일을 준비해서 고를 수 있게 할 거야. 그러기 위해서는 '수박 버거', '딸기 버거', '바나나 버거'라고 써 두어야겠지?

만일 네가 어른이 되어 가게를 한다면 어떤 가게를 하고 싶니? 또 너만의 어떤 특별한 것을 팔고 싶니?

나는 (   ) 가게의 주인이 될 거야.

내가 일곱 살 때 있었던 일이야. 그때 나는 초콜릿을 무척이나 좋아했어. 세상에서 가장 좋아하는 음식이 초콜릿이었으니까. 부모님께서는 내 이가 썩을까 봐 가능하면 초콜릿을 적게 사 주셨지. 나는 초콜릿을 더 먹고 싶어서 매일 부모님을 졸라댔고.

그날은 정말 운이 좋았어. 내가 유치원 졸업식에서 상을 받았거든. 엄마는 그날 특히 기분이 좋아 내 선물로 초콜릿을 사 주셨어. 야호! 초콜릿을 먹으려고 포장지를 뜯었는데, 세상에! 초콜릿에 어떤 글씨가 적혀 있더라고.

처음에는 그냥 무늬인 줄 알았는데 아니었어. 무언가 또박또박 크게 적혀 있었어. 나는 그게 마법의 글이라고 생각했던 것 같아. 근데 나는 그때 한글을 읽을 수 없었기 때문에 어쩔 수 없이 언니의 도움을 받아야만 했지. 초콜릿을 본 언니는 눈이 휘둥그레지더니 소리를 크게 지르면서 들고 있던 초콜릿을 떨어뜨렸어.

도대체 이 초콜릿에는 뭐라고 적혀 있었을까? 언니는 왜 그 글씨를 보고 놀랐을까?

✏️ 포장지를 뜯어 꺼낸 초콜릿에는 이렇게 쓰여 있었어. "(   )."

나는 동물의 말을 이해할 수 있어. 나만의 특기를 살려 동물원의 사육사가 되었지.

어제는 기린 부부가 싸우더라고. 엄마 기린은 아기 기린에게 일찍부터 수학을 가르쳐야 한다고 했는데, 아빠 기린이 반대했거든. 엄마 기린은 아기 기린의 수학 실력이 또래보다 부족하다고 걱정이 많았어. 그런데 아빠 기린은 그렇게 하다가 오히려 수학 공부에 질려 버릴 수도 있다며 반대했지. 나는 우리 엄마, 아빠가 떠올라서 피식 웃었어.

오늘은 우연히 코뿔소 쌍둥이 둘이서 미래에 관해 진지하게 이야기하는 걸 들었어. 쌍둥이 형은 자라서 코끼리가 되고 싶다고 했고, 쌍둥이 동생은 자라서 물소가 되고 싶다고 하더라고. 그러면 둘이 헤어져서 지내야 하는데 그게 고민이었나 봐. 둘은 워낙 사이가 좋아서 꼭 붙어 다녔거든.

세상에 단 두 사람, 너와 나만이 동물의 말을 듣고 이해할 수 있어. 자, 이제 네가 어제와 오늘 들은 동물의 대화를 말해 줄래?

어제 동물원에서 (   )들이 점심을 먹으며 하는 이야기를 들었어.

우리 반에서는 제비뽑기로 하루 동안 담임 선생님이 될 수 있어. 1년에 딱 두 번의 기회가 있는데, 오늘이 바로 그날이야. 행운의 주인공은 바로 나야. 나는 오늘 하루 동안 담임 선생님이 되어 내 마음대로 시간을 보낼 거야.

먼저, 아침 자습은 하지 않을 거야. 아침부터 신나게 운동장에서 뛰어야지, 자리에 앉아 책을 읽는 건 답답해. 교실 안에 커다란 돗자리를 깔아놓고 자유롭게 앉거나 누워서 수업을 듣게 할 거야. 오늘 수업은 6교시까지인데, 시간표는 체육-체육-체육-체육-체육-체육이야. 체육은 종일 해도 부족하니까.

점심 급식을 먹으러 식당에 갈 때는 제비뽑기를 해서 꽝이 나온 친구부터 앞에 서게 할 거고, 맛없는 반찬은 남길 수 있도록 허락할 거야. 숙제? 당연히 없지. 하하하. 나는 정말 최고의 담임 선생님이 되겠지?

내일은 네가 담임 선생님이 되는 날이야. 너는 내일 하루를 어떻게 보낼 계획이니?

✏️ 오늘은 내가 담임 선생님이야. 우리 반은 가장 먼저 (   )을 할 거야.

나 혼자, 원하는 나이에, 무료로 세계 여행을 할 티켓이 생겼어. 원하는 나라, 도시, 일정을 결정하면 비행기, 숙소, 교통편, 식사, 선물까지 제공해 주는 엄청난 티켓이지.

나는 터키로 여행을 떠날 거야. 터키는 유럽과 아시아의 딱 중간에 있는 나라인데, 빨간색의 예쁜 국기가 인상적이야. 그곳 사람들은 터키어를 사용하니까 나도 터키어를 몇 마디 배워서 가려고 해.

터키에 가면 매일 케밥을 먹을 거야. 케밥은 빵 안에 고기와 채소를 넣은 샌드위치와 비슷한 음식인데 훨씬 더 맛있대. 참, 터키 사람들은 매일 차를 마신대. 그러니 나도 터키를 여행하면서 매일 차를 마시겠지? 터키 친구도 사귀고, 내가 사는 한국이라는 나라도 소개해 줄 거야.

새로 사귄 친구에게 집에도 초대해 달라고 할 거야. 터키 친구가 실제 사는 모습도 궁금하거든. 친구를 위해 한국의 전통 부채를 선물로 가져가야겠어.

너에게 이런 기회가 생긴다면, 너는 어느 나라에서 어떤 여행을 하고 싶니?

✏️ 무료 여행의 기회! 나는 (   )로 떠날 거야.

영화 '알라딘'을 보면 요술 램프가 나와. 그리고 요술 램프의 요정인 지니가 세 가지의 소원을 들어주지. 영화를 보면서 나도 요술 램프가 있었으면 좋겠다고 생각했어. 그때를 대비하여 세 가지 소원을 미리 생각해 두려고 해.

첫째, 키가 2미터까지 자랐으면 좋겠어. 나는 키가 작은 편이거든. 지니가 나의 소원을 들어 주겠지?

둘째, 매일 타고 다닐 수 있는 비행기가 있었으면 좋겠어. 학원에 늦어서 뛰어가야 할 때, 비가 와서 우산을 들고 걸어 다녀야 할 때, 비행기를 타고 휙 날아가고 싶거든. 내 전용 비행기 한 대, 부탁해!

셋째, 마법의 농구공이 필요해. 요즘 나는 친구들과 농구를 자주 하는데, 내가 슛을 던질 때마다 쏙쏙 들어가는 농구공이 있으면 좋겠어.

너에게도 요술 램프가 불쑥 찾아올지도 몰라. 소원 세 가지를 미리 생각해 볼래?

✏️ 꿈에 그리던 알라딘의 요술 램프가 지금 내 앞에 있어. 지니는 친절한 목소리로 나에게 세 가지 소원을 물었어.

오늘은 나의 가장 친한 친구가 결혼하는 날이야.

결혼식 장소는 달이야. 우리 언니는 화성에서 결혼했는데, 내 친구는 달에서 하더라고.

내 친구는 결혼식에 오는 하객을 위해 달에 가는 단체 우주선을 준비해 주었어. 가족과 친구들 모두 우주선을 타고 달에 도착했지. 나를 포함한 결혼식 하객들은 우주복을 입었어. 결혼식에 참석하는 거니까 평범한 우주복보다 훨씬 더 멋진 디자인으로 골랐어. 나비 넥타이는 역시 빨간색이 좋을 것 같아.

달에서 결혼식을 올릴 때 가장 좋은 점은 우리가 사는 예쁜 별, 지구를 배경으로 한 결혼사진을 남길 수 있다는 거야. 신랑, 신부 그리고 결혼식에 함께한 하객은 파랗고 동그란 지구를 배경으로 한 멋진 결혼 사진을 갖게 되는 거지!

참, 너의 친구도 이번에 결혼한다며? 어디서 한다고 했더라?

✏️ 내 친구 (   )의 결혼식은 (   )에서 하기로 했어.

나는 국가대표 운동 선수야. 종목은 마라톤.

내가 어떻게 금메달을 딸 수 있었는지 비결을 알려 줄게. 너에게만 알려 주는 거야.

방법은 간단해. 한 발씩 뛰는 거야. 처음에는 오른발만 사용해서 뛰어. 그러려면 왼발은 땅에 닿지 않게 번쩍 올려야겠지? 그렇게 가다가 오른발이 아프면 이번에는 왼발만 사용하는 거야. 그렇게 양쪽 발을 하나씩만 사용하면서 성큼성큼 달리는 거야. 이렇게 하면 양쪽 발로 동시에 달리는 사람보다 빠르게 달릴 수 있어.

내가 양쪽 발을 교대로 사용해서 달리는 방법으로 금메달을 따자, 많은 선수들이 나를 흉내 내기 시작했어. 하지만 그것만으로는 부족하지. 비결이 또 있거든. 바로 내 운동화야. 내 운동화 끈은 빨간색 고무줄로 되어 있어. 빨간색 고무줄로 단단히 묶은 운동화를 신고 달리면 신발에 힘이 더해져서 훨씬 더 빠르게 치고 나갈 수 있어.

너는 어느 종목에서 금메달을 땄니? 비결이 무엇인지 나에게도 알려 줄래?

✏️ 나는 국가대표 운동선수야. 종목은 (   ).
이 종목에서 세계 신기록을 세우기 위한 나만의 특별한 비결이 있어.

매일 글을 써 보니 느낌이 어때? 할 만하니?

오늘 하루는 쉬어 가는 느낌으로 즐거운 글쓰기 놀이를 제안할게. 바로 '끝말잇기'야.

아는 단어를 총동원해서 끝말잇기만으로 한 쪽을 꽉 채워 보자.

국어 사전을 펼쳐 보거나 가족에게 물어 봐도 괜찮아. 끝말을 계속 이어갈 수만 있으면 돼. 단, 한 번 사용했던 단어는 다시 쓸 수 없고, 사람 이름과 같은 고유 명사는 제외할게.

자, 그럼 나부터 시작한다!

자전거 - 거미줄 - 줄넘기 - 기도 - 도둑질 - 질주 - 주식 - 식구 - 구도 -

구도- 도(   )

우리 엄마는 유튜브를 엄청나게 좋아하셔. 설거지할 때나 청소할 때마다 유튜브를 틀어 놓으시지. 나에게는 유튜브를 본다고 뭐라 할 때도 있으면서 말이야! 그래도 나는 엄마가 유튜브를 들으며 노래를 따라 부르는 모습이 참 좋아.

참, 우리 엄마는 요리를 엄청 잘하셔. 맛있는 요리를 뚝딱 만들고, 식당에서 먹었던 요리와 거의 똑같이 만들어 주시기도 해. 또 내가 먹고 싶은 메뉴를 말하면 요술 방망이처럼 뚝딱 만들어 주시는 분이지.

하지만 엄마 때문에 짜증 날 때도 있어. 코를 심하게 고시거든.
나의 방문을 꼭 닫아 두어도 엄마의 코 고는 소리가 크게 들릴 정도라니까? 가끔 엄마가 그만 자고 일어났으면 좋겠다는 생각을 하기도 했어.

너희 엄마는 어떤 분이시니?

✏️ 먼저 우리 엄마가 좋아하는 것을 말해 줄게. 우리 엄마는 (

) 를 정말 좋아하셔.

나는 아프리카에서 태어났어. 태어나 보니 우리 집 앞마당에는 새끼 호랑이 세 마리, 뒤뜰에는 코끼리 두 마리가 있었지.

나는 걸음마를 시작할 때부터 새끼 호랑이 식사 준비 담당이었어. 하루에 세 번씩 신선한 닭고기를 들고 가서 새끼 호랑이의 밥그릇을 채워 주는 게 내 일이었지. 세 마리는 쌍둥이 형제야. 사이좋게 나눠 먹는 모습이 얼마나 귀여웠는지 몰라.

나에게는 형이 두 명 있어. 큰형은 나보다 열 살이 많고, 사냥을 매우 잘해. 틈만 나면 아빠와 함께 나가서 사자, 코뿔소, 치타와 같이 먹을 만한 동물을 잡아 오지. 큰형이 사냥을 해 온 날에는 온 가족이 둘러앉아 배가 터지도록 고기를 구워 먹었어.

작은형은 뒤뜰의 코끼리 담당이었어. 매일 코끼리 두 마리를 양손에 꼭 붙들고 산책하러 다니면서 코끼리가 지나치게 살이 찌는 걸 막아 주었지. 덕분에 우리 집 코끼리들은 다른 집 코끼리들보다 날렵하고 빠른 편이었어.

너는 어디서 태어나서 어떻게 자랐니?

나는 (   )에서 태어났어. 태어나 보니 우리 집에는

(   ).

오직 어린이만을 위한 카페를 만들고 싶어. 어린이들도 어른들처럼 카페에서 자유롭게 음료를 마시고 이야기를 나눌 수 있으면 좋겠어.

먼저, 메뉴가 중요해. 우유의 종류도 딸기, 바나나, 초콜릿, 멜론, 수박으로 다양하게 준비하고, 생과일이 들어간 음료도 만들 예정이야. 또 음료를 주문하면 과자, 쿠키, 팝콘, 젤리 중에서 한 가지를 고를 수 있게 할 거야.

아! 음악도 신청할 수 있어! 어떤 노래든 환영이야. 물론 한 사람당 세 곡으로 제한을 둘 거지만. 카페 안에는 보드게임, 닌텐도 스위치, 텔레비전, 슬라임, 만화책, 노래방 기계 등이 있어서 친구들과 하고 싶은 것은 다 할 수 있어.

어린이 카페의 가장 큰 특징은 어른은 입장할 수 없다는 점이야. 엄마나 아빠와 함께 온 어린이들도 있겠지만, 부모님은 카페 안으로 들어올 수 없어. 어린이가 카페에서 노는 동안 옆 방에서 책을 읽으며 기다리면 되는 거야.

와, 너도 어린이만을 위한 카페를 만들 거라고? 네가 만들 카페는 어떤 곳이니?

✏️ **내가 만들 어린이 카페의 이름은 (　　　　　　　　　　　　　)야.**

우리 아파트에는 코끼리 가족이 살아. 아빠, 엄마, 오빠, 동생 이렇게 네 식구지.

코끼리 가족은 39층 꼭대기에 살아. 바로 우리 옆집이야. 우리는 서로 먹을 것도 나누며 아주 친하게 지내고 있어.

코끼리 가족에게 문제가 하나 있는데 바로 엘리베이터야. 39층까지 오르내리는 건 힘들어서 엘리베이터를 타야 하는데, 엘리베이터에 코끼리 가족 네 식구가 동시에 타는 건 불가능해. 한 마리씩 타서 올라가고 내려가고 하다 보니 오래 걸려서 지루했나 봐. 어느 날 봤더니, 엘리베이터 대신 큰 귀를 펄럭여 날아다니기 시작하더라고.

참, 코끼리 가족은 배달 음식, 그중에서도 치킨을 즐겨 먹어. 코끼리 한 마리가 치킨을 20마리 정도 먹으니까 넉넉히 100마리를 주문하는 편이야. 치킨집 한 군데에서 100마리를 배달하기 어려우니까 열 군데 치킨집에서 각각 10마리씩 주문하더라고. 그중 10마리를 우리 가족에게 나누어 주는데, 우리 가족은 2마리면 충분해서 8마리를 돌려주고는 했어. 뭐? 너희 옆집에 펭귄 가족이 이사 왔다고?

✏️ 우리 옆집에 펭귄 가족이 이사 왔어.

나에게는 정말 오래된 친구가 있어. 제니라고 하는데, 정말 예쁘고 착한 친구야.

어제 제니가 나에게 편지를 주더라고. 무슨 내용일까 궁금해서 얼른 펼쳐 봤는데, 너무 놀라서 아직까지 답장을 못했어. 네가 대신 답장을 써 주지 않을래?

'안녕, 나 제니야. 지금부터 내가 하는 이야기를 잘 들어줘.

사실 나는 사람이 아니라 고양이야. 사람인 척하면서 학교에 다니고 있는 거야. 그래서 학교에서 너랑 같이 점심을 먹을 때, 생선을 먹지 않을 거면 나에게 달라고 부탁했던 거야. 나는 생선만 보면 기분이 정말 좋아지거든.

지금 내가 너에게 비밀을 털어놓는 이유는 내가 다음 주에 학교에 가지 못하게 되어서야. 지금 내 뱃속에는 새끼 고양이 다섯 마리가 있거든. 아마도 이번 주말에 태어날 것 같아. 그래서 일주일 동안은 아가들을 돌봐야 해. 내가 학교에 가지 않아도 걱정하지 말라고 미리 쓰는 편지야. 그럼, 즐거운 주말 보내고 그다음 주에 만나자!'

제니에게

다음 주면 드디어 기다리던 크리스마스야! 그런데 오늘 산타 할아버지에게서 전화가 왔어. 몸이 많이 안 좋으신가 봐. 갑자기 추워진 날씨에 감기에 걸렸는데 몸살까지 겹쳐서 병원에 입원하셨대. 할아버지의 선물을 기다리던 나는 실망스러운 마음을 감출 수가 없었어.

그런데 할아버지께서 뜻밖의 제안을 하셨어. 더 정확히는 부탁이라고 할 수 있지. 이번 크리스마스에 할아버지 대신 내가 전 세계의 어린이들에게 선물을 배달해 달라고 부탁하셨어. 할아버지께서 미리 준비해 두신 선물을 가득 실은 루돌프 썰매는 이번 주 목요일까지 보내 주시기로 했지. 또, 선물 받을 아이들의 이름, 주소, 선물 종류를 정리해 둔 종이도 함께 보내 주시기로 했어.

나는 큰소리치며 알겠다고 대답은 했지만, 막상 크리스마스가 다가오니 걱정이 돼. 루돌프가 내 말을 잘 들을지가 가장 큰 걱정이야. 루돌프는 이제까지 백 년 넘게 산타 할아버지와만 일했거든. 처음 보는 내 말을 잘 듣고 잘 안내해 줄지 모르겠어. 너의 도움이 필요해. 루돌프가 내 말을 잘 듣게 하려면 어떻게 해야 할까?

✏️ 루돌프가 너의 말을 잘 듣게 만드는 방법은 간단해.

우리 반에 새 친구가 전학 왔어.

남자 아이인데 외계인이고, 이름은 '얄라뽕'이야. 키는 나랑 비슷한데 눈이 매우 커.

얄라뽕은 지구에 이사 온 지 얼마 되지 않아서 궁금한 게 많더라고.

어제는 지구의 초등학교 생활에 대해 자세히 설명해 주었어. 오늘은 지구인들이 아파트에 모여 사는 이유를 알려 주었지. 얄라뽕은 신기한지 재미있어 하더라고.

문제는 내일이야. 얄라뽕에게 스마트폰에 대해 설명해 주기로 했는데, 내일 내가 할머니 댁에 가기로 한 걸 깜빡했지 뭐야. 얄라뽕이 잔뜩 기대하고 있을 텐데 어쩌지? 그래서 너에게 부탁하고 싶어. 네가 직접 얄라뽕을 만나서 설명해 주면 좋겠지만, 그럴 수 없을 테니 편지로 알려 줄래? 얄라뽕이 했던 질문을 알려 줄게.

"손바닥 만하게 생긴 저 딱딱한 물체는 도대체 뭐야? 그게 뭔데 사람들이 열심히 보고 있는 거야?"

얄라뽕에게

안녕? 지구에 이사 온 걸 환영해. 나는 (   ).

우리가 힘을 모아서 재미있는 드라마 줄거리를 한 편 써볼까?

내가 먼저 드라마의 이야기를 시작하면 네가 그다음 편을 이어서 쓰는 거야. 어때? 그럼 내가 먼저 시작할게.

희철(남자 주인공)이는 3학년인데, 얼마 전 새로운 학교로 전학을 왔어. 수지(여자 주인공)와 짝이 되었는데, 문제는 희철이와 수지가 날마다 싸운다는 거야. 서로 책상을 넘어왔다고 싸우고, 같이 급식 당번을 하다가 서로 뒷정리를 떠넘기면서 또 싸웠어.

그러던 어느 날, 희철이가 집에 가는 길에 날아오는 축구공을 피하지 못하고 머리에 세게 맞았어. 그리고 그날부터 희철이는 세상에서 가장 순하고 착한 아이가 되었지. 수지는 그런 희철이가 어색하고 어리둥절했지만, 사이좋게 지낼 수 있으니 나쁠 것은 없다는 마음이었어.

사건은 그해 어린이날 일어났어.

해마다 어린이날이면 학교 운동장에서 즐거운 축제가 열리는데, (
).

오늘 너에게 추천하고 싶은 영화는 애니메이션 '인크레더블'이야. 1편과 2편이 있는데, 나는 2편을 추천하고 싶어.

이 영화는 2018년도에 미국에서 만들어졌어. 세상을 구하는 영웅의 이야기이기도 하지만, 가족의 따뜻한 마음을 담아낸 영화이기도 해. 특히, 영웅 역할을 하느라 바쁜 엄마를 대신해 집에서 아이들을 돌보는 아빠의 모습에 웃음이 나!

집을 떠나 영웅으로 멋지게 활약하면서도 아이들을 걱정하는 엄마의 모습을 보면서 우리 엄마가 생각나기도 했지. 우리 엄마도 직장에 다니고 계시는데, 일하면서도 틈틈이 내게 연락해 잘 있냐고 묻고는 하시거든.

1편도 궁금하지? 1편에는 세상을 파괴하려는 나쁜 악당들이 툭하면 나오고, 그들에 맞서는 영웅들의 멋진 활약도 볼만해. 손에 땀을 쥐게 만드는 장면이 재미있어.

너도 나에게 추천하고 싶은 영화가 있지? 어떤 영화인지 자세히 알려 줄래?

✏️ 내가 봤던 영화 중에 너에게 추천하고 싶은 영화는 (

　　　　　　)야.

나는 낡은 축구공이야.

나는 100년 전, 축구공을 만드는 인도네시아의 어느 작은 마을의 공장에서 태어났어. 태어나자마자 인도네시아 축구 대표팀에 들어가게 되었지.

선수들은 날마다 나를 발로 차면서 열심히 훈련했는데, 그러다 그만 내가 훈련장 담 너머로 튕겨 나가게 되었어. 나를 발견한 건 이탈리아에서 온 남자였어. 세계 여행 중이던 이 남자는 나를 가방에 넣더니 중국으로 향하는 비행기에 올랐지.

중국에 도착하자마자 그 남자는 나를 끌고 여기저기 돌아다녔어. 그리고 남자가 잠깐 아이스크림을 먹으러 가게에 들어간 사이, 한 여자아이가 나를 주워서 엄마에게 달려갔어. 엄마는 지저분하다고 당장 버리라고 하더라고. 흥! 나도 원래 깨끗하고 멋졌다고! 아이는 나를 거기에 내버려 두고 집으로 가 버렸어.

그 뒤로 내가 어떻게 지냈는지 네가 잘 알고 있지?

✏️ 거리에 버려진 나를 발로 툭 건드리며 반가워한 건 (　　　　　)
였어.

어느 마을에 떡을 정말 좋아하는 아저씨가 있었어. 아저씨는 매일 떡을 먹었지. 식사도 간식도 야식도 모두 떡이었어. 떡을 얼마나 좋아하는지 떡을 주겠다는 사람이 있으면 졸졸 따라가서 떡을 얻어먹고, 생일 선물도 떡으로 받고 싶어 했어. 아저씨의 냉장고에는 일 년 내내 떡이 그득하게 쌓여 있었지. 아저씨는 마을에 있는 떡은 다 냉장고에 넣어 두어야 직성이 풀렸어.

아저씨가 이렇게 욕심을 부리자, 마을 사람들은 떡을 먹고 싶어도 먹기가 힘들어졌어. 참다못한 마을 이장님이 아저씨를 찾아가 부탁했어. 일 년에 하루만이라도 온 동네 사람들이 떡을 먹을 수 있게 해 달라고.

아저씨는 떡을 나누어 주기 아까워 꾀를 내었어. 떡으로만 배를 채우면 떡을 많이 나누어 줘야 하니까 떡으로 국을 끓여서 먹게 해야겠다고 생각했지. 다음 해부터 아저씨는 새해가 되면 떡으로 국을 끓여 동네 사람들에게 나누어 주기 시작했고, 그때부터 지금까지 새해가 되면 떡국을 먹게 된 거야.

그러고 보니 해마다 추석에는 송편을 먹는데, 이건 왜 먹는 거니?

추석마다 송편을 먹는 데에는 그럴 만한 이유가 있지.

나에게는 기억에 남는 방학이 있어. 그 방학에 무슨 일이 있었느냐고? 나는 2학년 겨울 방학을 태국이라는 낯선 나라에서 보냈었어. 우리 이모네 가족이 태국에 살고 계시거든.

태국에 가서 보니 이모와 이모부, 그리고 사촌 동생들은 크고 멋진 집에 살고 있었어. 집에 운동장처럼 커다란 수영장이 있더라고! 나와 사촌 동생들은 매일 아침 눈을 뜨자마자 수영을 했고, 수영하다 배가 고프면 밥을 먹고 또 수영했어. 덕분에 내 얼굴과 몸은 새까맣게 탔지.

또, 길거리에 파는 음식을 먹으러 다녔어. 태국 음식 중에 '바나나 로띠'라는 음식이 제일 맛있었어. 달고 부드러웠지. 한국에 돌아와서 비슷하게 만들어 봤지만, 그때의 그 맛이 나지 않더라고. 다음에 태국에 또 놀러 가면 꼭 먹을 거야.

너에게도 기억에 남는 방학이 있지? 너만의 소중한 추억이 담긴 방학을 소개해 줄래?

🖍 나의 최고의 방학은 (   )살 때야. 그때 나는

나에게는 가장 소중한 물건이 있어. 바로 이 돌멩이야. 가장 소중한 게 평범한 돌멩이냐고? 맞아, 이 돌은 나에게 정말 특별하거든.

이 돌을 만난 건 캐나다 서부의 바닷가 마을에서였어. 가족과 함께 해변을 산책하며 즐거운 시간을 보내고 있었지. 그때 갑자기 발밑에 무언가 반짝하는 것이 눈에 띄었어. 동전인가 싶어서 자세히 들여다보았는데 동전도 쇠붙이도 아닌 하얀 돌멩이였어. 이렇게 예쁘게 반짝이는 하얀 돌을 본 건 처음이었지. 돌은 아주 작았어. 겨우 내 엄지손톱만 한 크기였으니까. 나는 그 순간 이 돌이 내 보물 1호가 될 거라는 걸 알았지. 혹시나 잃어버릴까 봐 동전 지갑 안에 잘 넣어서 집에 가지고 왔어.

내 보물 1호는 책상 서랍 안에 보관해 두었어. 매일 틈날 때마다 들여다보고는 하지. 캐나다에서 가족과 함께한 시간도 떠오르고, 바다 냄새와 노을이 지던 하늘도 생각나.

너에게도 이런 소중한 물건이 있지? 그중 딱 한 가지만 골라 말해 줄래?

나의 보물 1호는 (   )야.

나는 여름이 되면 거의 매일 아이스크림을 먹어.

멜론 맛, 초콜릿 맛을 가장 좋아해. 나중에 크면 아이스크림 가게의 사장이 될 거야. 직접 아이스크림을 만들고, 새로운 아이스크림도 개발할 거야.

내가 만들 아이스크림의 이름은 '아빠는 오늘도 호떡 귀신'이야. 우리 아빠는 호떡을 정말 좋아하셔. 길을 가다가 호떡을 파는 곳만 보면 항상 호떡을 사 드시지. 주말에는 호떡을 열 개나 드셔.

그런 아빠를 위해 호떡과 비슷한 맛이 나는 호떡 아이스크림을 만들려고 해. 호떡처럼 쫄깃쫄깃한 떡을 잘게 잘라서 넣고, 호떡 안에 들어가는 시럽으로 아이스크림의 달콤한 맛을 낼 거야. 호떡만 보면 먹고 싶어 어쩔 줄 모르는 아빠를 보며 우리 가족이 붙인 별명이 '호떡 귀신'이야. 그래서 이 아이스크림의 이름은 '아빠는 오늘도 호떡 귀신'으로 지을 생각이야.

네가 좋아하는 맛, 네가 지은 이름의 아이스크림을 하나 만들어 봐!

✏️ 내가 만들고 싶은 아이스크림의 이름은 (   )이야.

만약 내가 평생 딱 한 가지 일만 해야 한다면 어떤 일을 하는 것이 좋을까?

나는 평생 그림을 그리고 싶어.

이렇게 말하면 내가 그림을 엄청나게 잘 그릴 거라고 생각하겠지만, 그건 오해야. 나는 그림을 잘 못 그려. 학교에서 미술 시간에 그림을 그릴 때마다 나의 그림을 숨기고 싶을 정도야.

그런데 왜 평생 그림 그리는 일을 하고 싶냐고? 그림 그리기를 정말 좋아하거든. 나는 그림을 그릴 때마다 행복해. 잘 그리고 못 그리고는 나에게 그다지 중요한 문제가 아니야. 내가 그림 그리는 일을 좋아하고 평생 하고 싶다는 게 더 중요해. 매일 그리다 보면 조금씩 더 잘 그리게 될 거라 믿어.

너도 평생 한 가지 일만 할 수 있다면 어떤 일을 하고 싶니?

평생 한 가지 일만 해야 한다면, 나는 (   )를 하고 싶어.

더운 여름날이었어. 우리 가족은 바다로 놀러 갔지.

나와 동생은 파도가 밀려오는 바다로 신나게 뛰어 들어갔어. 그때까지만 해도 내 인생 최악의 위기를 만날 거라고는 상상할 수도 없었지.

끔찍한 사건은 얼마 뒤에 일어났어. 파도를 넘는 즐거움에 빠져 우리도 모르게 조금씩 더 깊은 곳으로 걸어 들어간 거야. 그러다가 어느 순간 발이 닿지 않는 깊은 바닷 속까지 가게 된 거지. 그때의 끔찍한 느낌은 지금도 생생해. 우리는 둘 다 수영을 하지 못했거든. 발이 땅에 닿지 않아 허우적대기 시작하며 발버둥쳤지. 순간 코와 입으로 사정없이 바닷물이 들어와 버렸어. 바닷물은 말할 수 없이 짜고 차가웠어.

우리는 물 속 깊숙이 빠졌다가 올라오기를 반복했어. 그리고 물 밖으로 잠시 나올 때마다 큰 소리로 '살려주세요!'를 외쳤지. 누군가 우리를 발견해서 구해 주길 바라면서 말이야. 다행히도 오래지 않아서 구조대원이 우리를 발견했고 간신히 살아났어.

그때를 생각만 해도 온몸이 오싹해져. 너는 언제 가장 큰 위기를 겪었니?

나의 인생에 최대의 위기는 (   )였어.

내가 생각하는 완벽한 식사에 대해 말해 볼게. 조건은 세 가지야.

첫째, 맛있는 음식으로 가득한 식탁이야. 내가 좋아하는 음식으로 채워져 있어야만 해. 다른 사람들이 아무리 좋아하고 칭찬하는 음식이라도 내가 좋아하지 않는다면, 나에게는 완벽하지 않아. 나의 식탁은 내가 가장 사랑하는 음식인 치킨, 피자, 치즈 김밥, 돈가스, 아이스크림, 망고 주스, 초콜릿 쿠키 등으로 채워져야 하지.

둘째, 즐거운 노래가 계속 흘러나와야 해. 나는 아무리 맛있는 음식도 딱딱한 분위기에서 먹으면 체할 것처럼 불편해. 식사를 하는 내내 아름다운 노래가 끊이지 않고 흘러나왔으면 좋겠어. 노래를 따라 부르거나 노래에 맞추어 춤을 춰도 괜찮아.

셋째, 함께 먹는 사람들이 중요해. 아무리 맛있는 음식과 좋은 노래가 있어도 혼자 먹는 밥은 맛있게 느껴지지 않더라고. 사랑하는 우리 가족도 좋고, 내가 정말 좋아하는 우리 반 친구들도 좋아. 너의 완벽한 식사는 어떤 모습이니?

✏️ 내가 생각하는 완벽한 식사의 조건은 세 가지야. 첫째, (

).

딱 하루만 다른 사람이 될 수 있다면, 나는 비행기 조종사가 되고 싶어.

몇백 명의 승객을 태우고 우리나라에서 먼 나라까지 날아가는 큰 비행기의 조종사 말이야. 내가 공항에 도착하면 함께 일하는 승무원들이 나를 '기장님'이라고 부르겠지? 비행기 조종사가 입는 멋진 제복을 입고 모자도 쓸 거야. 상상만 해도 정말 신나.

비행기를 조종하면서 승객에게 한 시간에 한 번씩 안내 방송을 할 거야. 특히 비행기를 처음 타는 어린이 승객은 비행기가 신기하고 무섭기도 할 테니까. 이럴 때 기장인 내가 자세하고 친절하게 안내해 주면 어린이들은 즐거운 여행을 할 수 있을 거야.

또, 어린이 승객이 원한다면 조종실에 들어오게 해서 구경시켜 줄 거야! 안내 방송을 해 볼 기회도 줄 거고. 그 어린이 승객에게는 평생 잊지 못할 최고의 여행이 되겠지?

이렇게 최고의 하루를 보내고 원래의 나로 다시 돌아오면, 그날 있었던 일들을 일기장에 잔뜩 적어서 친구들에게 자랑할 거야.

너는 딱 하루만 다른 사람이 될 수 있다면, 어떤 사람이 되어 어떤 하루를 보내고 싶니?

✏️ 딱 하루만 다른 사람이 될 수 있다면, (   )가 되어 (   )을 해 보고 싶어.

내가 아홉 살 때 우리 집에는 강아지 한 마리가 있었어. 강아지 이름은 재롱이야. 아홉 살 때 찍은 거의 모든 사진에 재롱이가 있어. 그만큼 재롱이와 나는 단짝 친구가 되어 꼭 붙어 다녔지.

그러던 우리에게 슬픈 일이 일어났어. 어느 추운 겨울 아침이었어.

여느 때처럼 아침에 일어나 재롱이에게 밥을 주었는데, 재롱이가 꿈쩍도 하지 않는 거야. 자는 것 같아서 '재롱아, 일어나. 밥 먹자.' 라고 했는데 아무리 기다려도 재롱이는 눈을 뜨지 않았어. 가까이 다가가 쓰다듬었는데, 좀 이상했어. 숨을 쉬지 않았고, 온몸이 딱딱하게 굳어 있었고, 따뜻하던 배가 차갑게 식어 있었어. 아무 인사도 없이 재롱이는 하늘나라로 가 버린 거야.

가장 친한 친구를 잃어버린 나는 슬퍼서 계속 울기만 했어. 지금도 그때를 생각하면 재롱이가 보고 싶어서 눈물이 쏟아질 것만 같아.

네가 가장 슬펐던 적은 언제였니?

내가 가장 슬펐던 때는 (　　　　　　　　　)였어.

오늘 저녁 7시에 내가 텔레비전에 나왔어. 어쩌다 나오게 됐냐고?

동생이랑 학교에 가던 중이었어. 길에 어떤 할머니 한 분이 서 계시더라고. 그 할머니께서 우리를 부르셨어.

"거기 학생, 나 좀 잠깐 도와줄 수 있을까?"

할머니는 자신이 왜 여기에 있는지 모르겠다고 하셨어. 기억을 잃으신 것 같았지. 우리는 할머니가 손에 쥐고 있던 종이에 적힌 전화번호로 전화를 걸었어. 그런데 아무도 안 받지 뭐야! 결국 동생과 나는 할머니를 가까운 파출소로 모시고 갔어.

놀라운 일은 다음 날 일어났어. 평소처럼 동생과 학교에 가고 있는데, 어제 그 할머니께서 어떤 아저씨들과 함께 계시는 거야. 큰 선물 상자를 들고 말이야.

동생과 내가 좋아하는 과자는 물론, 가방과 옷까지 선물을 한아름 준비해 오신 거야. 할머니는 어제 그 상황이 몰래카메라였다고 했어. 그렇게 나는 텔레비전에 나오게 되었지. 뭐? 너도 텔레비전에 나온 적이 있다고?

✏️ 지난 주말, 내가 텔레비전에 나왔어.

나는 우리나라에서 가장 큰 놀이공원을 만들 계획이야. 기대되지?

우선, 놀이공원 한가운데에 특별한 수영장을 만들 거야. 물놀이를 하려면 수영복으로 갈아입고, 수영 모자를 챙기고, 끝나고 나면 다시 옷을 갈아입어야 해서 번거롭지? 여기에서는 한 번에 해결할 수 있어. 입고 있던 옷 그대로 풍덩 뛰어들어가서 놀다가 물 밖으로 나와서 최첨단 드라이기로 온몸을 보송하게 말리면 돼. 옷과 신발까지 다 말리는 데에 걸리는 시간은 단 10초.

또, 만들고 싶은 놀이 기구가 있어. 먹고 싶은 음식을 먹으면서 놀이공원 전체를 천천히 구경하는 '맛있는 기차'를 만드는 거지. 사실, 놀이공원을 돌아다니다 보면 배가 고프고 다리가 아파서 지치기도 하잖아? 그럴 때 '맛있는 기차'를 타면 배도 채우고 놀이공원 구경도 할 수 있어.

너는 어떤 놀이 기구를 만들 거니?

놀이공원에 꼭 만들고 싶은 놀이 기구가 있는데, 바로 (

)야.

오늘의 글쓰기 놀이는 가족의 도움이 필요해. 가족이 있어서 좋은 점이 참 많지만, 아마 이 놀이를 하고 나면 가족이 있다는 게 얼마나 감사한 일인지 더 느끼게 될 거야.

가족이 순서를 정해 한 명씩 돌아가며 한 문장씩 쓰는 거야. 순서대로 앞사람이 쓴 문장의 내용을 보고 그 내용과 잘 연결되게 쓰는 게 핵심이지.
여러 사람이 나누어서 썼는데 묘하게 내용이 완성되는 신기한 글쓰기 놀이가 될 거야.
문장의 길이가 길거나 짧은 건 상관이 없어. 큰따옴표를 넣어 대화문을 만들거나 작은따옴표를 넣어도 괜찮아.

바로 시작하기 어려울 수 있으니 첫 문장은 내가 선물해 줄게. 그 문장에 이어서 네가 두 번째 문장을 만들고, 다음 차례의 가족에게 넘겨 봐. 돌고 돌아 한 쪽을 꽉 채우고 나면 오늘의 글쓰기 놀이는 끝!

햇볕이 따뜻한 일요일 오후, 냉장고 안에서 갑자기 '쿵쿵'하고 두드리는 소리가 들렸어.

손만 대면 모든 것을 반짝거리게 하는 신기한 능력을 가진 친구를 만났어.

4학년이 되어 새로 사귄 친구인데, 이름은 하언이야. 하언이는 단짝 친구인 나에게 신기한 비밀을 털어놓았지. 나는 하언이의 비밀을 꼭 지키고 싶었어.

다행히 우리가 교실 안에서 지내는 동안은 한 번도 비밀을 들킨 적이 없었지. 하언이가 쓰는 연필, 공책 전부 하언이의 손이 닿는 순간부터 반짝였지만 말이야.

문제의 사건은 체육 시간에 일어났어. 체육 시간에 축구를 했는데, 하필이면 하언이가 골키퍼 역할을 맡았지 뭐야. 발을 사용하는 선수였다면 들키지 않았을 텐데, 손으로 공을 잡는 골키퍼인 탓에 그만 하언이가 잡은 축구공이 반짝반짝 빛나기 시작한 거야. 이 모습을 보고 놀란 체육 선생님께 그만 비밀을 이야기할 수밖에 없었어.

하언이처럼 한 가지 신기한 능력을 가질 수 있다면, 너는 어떤 능력을 갖고 싶니?

✏️ 만약 내가 한 가지 신기한 능력을 가질 수 있다면, (   ).

여름에는 툭하면 비가 오고 겨울에는 눈이 내리잖아.

그런데 봄에도 하늘에서 예쁜 것이 내린다는 것 알고 있니?

새 학년이 시작되는 첫날인 3월 2일부터 한 달 동안 매일 하늘에서 솜사탕이 보슬거리며 내려. 어린이들이 새 학년이 되어 떨리는 마음을 응원하는 하늘의 특별한 선물이지.

솜사탕은 우리가 교실에서 수업을 시작하면 비와 눈처럼 조용히 내리기 시작해. 수업을 듣다가 우연히 창문 밖을 보면 하늘에서 분홍색, 하늘색, 노란색의 솜사탕이 꽃잎처럼 예쁘게 내리는 걸 볼 수 있을 거야. 솜사탕이 어디에나 내리지는 않아. 오직 한 곳, 초등학교 운동장에만 소복소복 쌓이지.

교문 밖으로 나가면 어디에도 솜사탕은 내리지 않고 구할 수도 없어. 그래서 해마다 3월이 되면 아이들이 솜사탕을 먹으려고 학교에 신나게 다니지. 그리고 9월 1일을 기다려.

해마다 9월 한 달 동안은 하늘이 주는 가을 선물이 기다리고 있으니까.

너는 알고 있지? 9월에 하늘에서 내리는 것을!

✏️ 9월 1일, 해마다 가을이 시작되는 9월이면 하늘에서 기다리던 (　　　　)가 내리기 시작해.

우리나라의 이름은 '하꼬나잔'이야. 나는 우리나라를 매우 사랑해.

하꼬나잔은 굉장히 큰 나라야. 미국, 캐나다, 러시아보다 훨씬 넓고 인구도 많지.

전 세계에서 하꼬나잔을 모르는 사람은 아마 없을 거야.

우리 하꼬나잔 사람들은 하꼬나잔어를 사용해. 영어보다 훨씬 쉬워서 전 세계 어린이들이 하꼬나잔어를 배우려고 고생할 필요가 없어. 한 달 정도만 공부하면 누구나 쉽게 할 수 있으니까. 전 세계 사람들 대부분이 하꼬나잔어를 할 줄 안다지?

우리나라 사람들은 머리카락과 손톱, 발톱이 빨간색이야. 어릴 때는 연한 분홍빛인데 어른이 될수록 색이 점점 진해져. 우리 할아버지, 할머니의 머리카락과 손톱, 발톱은 정말 진한 빨간색이야. 얼마나 예쁜지 몰라.

우리나라에는 마당, 대형 미끄럼틀과 트램펄린이 있는 집이 많아. 한 집에 아이가 태어나면 나라에서 선물로 주거든.

너는 어느 나라 사람이니? 너희 나라는 어떤 곳이니?

우리나라의 이름은 (　　　　　　　　　　　　)이야.

우리 집 뒷마당에는 수상한 구멍이 있어. 오늘따라 그 구멍이 궁금하더라고. 그래서 삽을 들고 구멍을 파 봤지 뭐야. 내 눈으로 직접 확인하고 싶어서 말이야.

30분 넘게 낑낑거리며 구멍을 파 내려가기 시작했는데, 삽 끝에 뭔가 탁 걸리는 느낌이 들었어. '돌이겠지?' 했는데 아니었어.

딱딱한 나무 상자 하나가 묻혀 있었어. 상자가 부서지지 않도록 조심하며 꺼내 올렸지. 떨려서 가슴이 터질 것 같았어. 이게 말로만 듣던 보물 상자인 걸까? 상자의 주인은 누구고, 왜 여기에 상자를 묻어 둔 걸까? 두근대는 가슴을 가라앉히고 침착하게 상자를 열어 보았어.

그때 엄마가 나를 급하게 부르셨어. 얼른 뛰어갔다 돌아와 보니 상자는 이미 사라지고 없었지. 너는 알고 있지? 누가 상자를 가져갔는지, 상자 안에 무엇이 들어 있었는지 말이야. 알려 줘, 제발!

✏️ 상자를 가져간 건 바로 나야.

내가 먹어 본 최악의 음식을 말하려고 해. 이렇게까지 끔찍한 맛인 걸 알았더라면 절대 먹지 않았을 거야.

가족 여행에서 한 야시장을 지나게 되었어. 저녁 시간이라 배가 많이 고팠지. 간단하게 먹을 것을 찾아 두리번거리는데, 닭꼬치처럼 생긴 것이 눈에 들어왔어. 나는 닭꼬치를 정말 좋아하기 때문에 비슷하게 생긴 음식은 대환영이거든.

'맛있겠다!' 하며 얼른 사서 베어 물었지. 그런데 좀 이상한 느낌이 들었어. 닭꼬치 특유의 쫄깃하고 달콤한 맛이 아니었어. 지우개를 씹어 먹는 것처럼 딱딱하기만 한 거야. '내가 잘못 씹었나?' 싶어서 더 열심히 씹어 보았지. 여전히 딱딱하고 질겼어. 소스라도 맛있었다면 좋았을 텐데, 그것도 아니야. 맵기만 하고 이상한 향이 났어.

지금도 닭똥집 꼬치구이를 생각하면 턱이 아프고 혓바닥이 매운 느낌이 들 정도라니까.

네가 먹어 본 최악의 음식은 뭐니?

✏️ 내가 먹어 본 최악의 음식은 (　　　　　　　　　　　).

오늘은 나의 결혼식이야.

나의 결혼식은 대나무 숲에서 열려. 여름이라 시원한 곳에서 하고 싶었거든. 그래서 시원한 곳을 찾다가 어느 마을의 빼곡한 대나무 숲을 발견한 거지. 결혼식 식사 메뉴는 대나무 밥이야. 식이 끝나면 가족, 친구들과 함께 돗자리를 펴고 놀다가 헤어질 거야.

신혼여행은 대만으로 가려고 해. 대만에는 유명한 온천이 있어. 따뜻한 온천 물에 들어가 앞으로 우리의 미래를 이야기할 거야. 그 온천에서만 파는 특별한 초콜릿 우유가 있다는데, 정말 기대가 돼. 초콜릿 우유를 마시며 온천에서 수영하는 신혼여행 사진, 기대하라고!

신혼여행에서 돌아오면, 이집트의 수도인 카이로에 가서 살 거야. 이집트에 신혼집을 마련한 건 순전히 피라미드 때문이야. 우리 둘 다 피라미드를 정말 좋아하거든. 결혼해서 피라미드가 내려다 보이는 곳에 살면 정말 행복할 거야.

참, 너도 곧 결혼한다며? 결혼식장은 어디야? 신혼여행은 어디? 신혼집은?

오늘은 나의 결혼식이야.

'띵동!' 하고 벨이 울렸어. 나가 보니 현관 앞에 아주 커다란 여행 가방이 하나 있었어.

가방에는 메모가 붙어 있었지.

'안녕? 가방 안에는 너에게 주고 싶은 선물이 들어 있어. 열어 봐.'

와, 이렇게 좋은 일이?

가방을 열어 본 나는 놀라 넘어질 뻔했어. 큰 뱀 한 마리가 스멀스멀 기어 나왔거든. 예전에 동물원에 갔을 때 뱀을 보고 귀엽다고 느낀 적 있지만, 뱀을 선물로 받게 될 줄은 정말 몰랐어! 뱀은 예쁜 방울을 목에 걸고 있었는데, '저는 물지 않아요.'라고 써 있었어. 물지 않는다고 하니 안심이 되었지.

뱀을 목도리처럼 둘둘 감고 나머지 선물을 살펴봤어. 필통 안에 빼빼로가 가득 차 있었어. 필통 옆에는 빨간색 운동화가 있었지. '이 운동화를 신고 달리면 무조건 1등이야.'라고 적힌 쪽지와 함께 말이야. 야호! 정말 멋진 선물이야!

방금 벨소리 들었지? 지금 너희 집 현관 앞에도 아주 커다란 여행 가방이 도착해 있어.

✏️ 두근거리는 마음으로 커다란 가방을 집으로 가지고 들어왔어.

할아버지께서 세뱃돈으로 백만 원을 주셨어. 정말 놀랍지? 이런 큰돈은 처음 받아 봐.

할아버지는 몇 가지 조건을 말씀하셨어. 이 돈을 일주일 동안 모두 써야 한다는 거야. 어떻게 사용할지는 나의 자유! 단, 일주일 뒤에 이 돈을 언제, 어떻게 사용했는지 할아버지에게 말해 달라고 하셨어. 야호! 신난다!

먼저, 꼭 갖고 싶었던 책가방을 살 거야. 지금 내 가방은 초등학교 입학할 때 엄마께서 사 주신 건데 마음에 들지 않아. 내 마음에 쏙 드는 가방을 찾아볼 거야. 만화책도 실컷 살 거야. 우리 부모님은 만화책을 잘 사 주지 않으시거든. 부모님께 선물도 드리고 싶어. 아빠께는 멋진 시계를, 엄마께는 예쁜 가방을 선물하려고 해.

그리고 남은 돈으로는 슈퍼에 가서 먹고 싶었던 과자, 사탕을 잔뜩 사서 내 방에 숨겨 둘 거야. 엄마 모르게 말이야.

너도 세뱃돈으로 백만 원을 받았다고 했지? 너는 어떻게 쓸 거야?

먼저, (					).

손이 하나만 더 있었으면 좋겠어.

두 개의 손으로는 부족할 때가 있거든. 양손으로 닌텐도 스위치 게임을 하다가 초콜릿이 먹고 싶을 때 한 손이 더 필요해. 또, 한 손에 연필을 들고 다른 한 손으로 공책을 잡고 일기를 쓰다 텔레비전을 켜고 싶을 때도 필요하지. 자전거를 탈 때도 그래. 전화가 와서 받아야 하는데 한 손을 떼고 나면 비틀거리다 넘어지기 일쑤야.

엄마와 함께 장을 보고 나면, 장바구니가 무거워서 두 손으로 들기 어려울 때도 많아.
그네를 타면서 갑자기 등을 긁고 싶을 때도 손이 하나 더 있었으면 좋겠다고 생각해.
왜 인간은 손이 두 개 밖에 없을까?

너는 너의 몸에서 어떤 게 부족하니? 나처럼 손? 아니면 눈?

나는 (   )이 더 있었으면 좋겠어.

올해도 우리 학교에 1학년 병아리들이 입학하겠지? 1학년 병아리들에게 초등학교에서 어떻게 생활하는지 알려 주자. 내가 먼저 시작할게.

첫째, 급식은 맛없을 가능성이 커. 유치원에서 먹은 것보다 더 맵고 덜 맛있을 거야. 초등학교 급식실에는 아기 반찬이 나오지 않으니까. 대신 더 어른스럽고 낯선 반찬들을 만나게 될 거야. 그리고 금방 적응될 거야. 학년이 올라갈수록 맛있다고 느끼게 될 거고.

둘째, 선생님은 생각보다 무섭지 않아. 처음에 입학하면 담임 선생님이 무서울 수 있어. 원래 선생님들은 일부러 그러셔. 시간이 지나면서 담임 선생님이 생각보다 훨씬 좋은 분이라는 걸 알게 될 거야.

나머지 두 가지는 네가 이야기해 줄래?

셋째, (   ).

내가 우리 아빠, 엄마보다 훨씬 더 나이 많은 어른이 된다면 아빠, 엄마께 꼭 해 주고 싶은 이야기가 있어. 물론, 내가 더 나이가 많으니까 반말로 할 거야.

우리 아빠는 매일 집에 늦게 들어오셔. 집에 오시면 나랑 놀아주지 않고 소파에 누워 있을 때가 많아. 아빠께는 아이들이랑 놀아주라고 말하고 싶어. 또, 주말마다 내 방에 들어와서 방 정리하라고 혼내시는데, 내 눈에는 아빠 책상이 훨씬 지저분하거든. 아빠 책상 정리를 자주 하라고 꼭 말할 거야.

엄마에게는 할 말이 더 많아. 엄마는 나를 보기만 하면 잔소리 할 것을 찾는 로봇 같아. 엄마의 잔소리를 듣다 보면 방에 들어가 이불을 뒤집어 쓰고 싶어져. 어린이가 그런 마음을 갖고 있다는 걸 똑똑히 알려 주고, 잔소리보다는 칭찬과 격려를 해 주는 게 더 좋다고 꼭 말하고 싶어.

너는 부모님께 어떤 말을 하고 싶니?

우리 아빠에게는 "(   )."

라고 말하고 싶어.

오늘은 흉내 내는 말을 써서 글쓰기를 할 거야. 흉내 내는 말은 '벌벌', '콩닥콩닥', '푸릇푸릇'처럼 소리와 모양을 실감 나게 표현하는 말이야. 소리를 흉내 내면 '의성어', 모양을 흉내 내면 '의태어'라고 해.

지금부터 의성어와 의태어로 표현한 나의 하루를 들려줄게.

아침에 찌뿌둥한 몸으로 침대에서 '벌떡' 일어나 욕실로 '우당탕' 뛰어 들어갔어. 변기에 앉자마자 '뿌지직' 하고 똥이 나왔어. 그리고 배에서 천둥 번개가 '쾅쾅' 치는 것처럼 견딜 수 없이 '찌릿찌릿' 아파 오기 시작했어. 그리고 땀이 '삐질삐질' 흐르다가 결국 턱 밑으로 '뚝뚝' 떨어졌지. 아픈 배를 '꼭꼭' 붙잡고 간신히 '엉금엉금' 기어서 거실로 나왔어. 그런데 동생이 아이스크림을 '쪽쪽' 빨아 먹고 있는 거야. 배탈이 났으니 참아야 했지만, 아이스크림의 유혹을 참기 힘들었어. 나는 아픈 중에도 숟가락을 꺼내어 '푹푹' 퍼먹기 시작했지.

너도 의성어와 의태어로 오늘 있었던 일을 표현해 볼래?

오늘 있었던 일이야.

오늘은 네가 내가 되는 거야. 무슨 말이냐고?

내가 매일 하나씩 글쓰기 주제를 내주었잖아. 그러니 오늘은 네가 글쓰기 주제를 내주면 좋겠어. 네가 만든 주제로 가족 글짓기 대회를 하는 거야.

가족 글짓기 대회가 뭐냐고? 네가 만든 글쓰기 주제로 너희 가족이 글을 쓰는 거야. 그리고 네가 잘 쓴 글을 뽑아서 상을 줄 수도 있고, 참가하는 모든 사람에게 기념품을 줄 수도 있어. 자기가 쓴 글을 낭독하게 해도 좋고, 서로의 글에 칭찬 한 마디씩 써도 재미있을 거야.

너희 가족이 글을 잘 못 쓸 수 있어. 그래서 너의 역할이 중요해. 좋은 글, 잘 쓴 글이 탄생하려면 재미있게 쓸 수 있는 글쓰기 주제가 필요하거든.

이제까지 내가 내준 글쓰기 주제 중에 가장 재미있었던 주제를 뽑아 봐. 그리고 너만의 방식으로 바꿔서 색다른 주제로 만들어 봐. 너 스스로 생각해 낸 주제면 더욱 좋고.

그럼, 우리 가족 글짓기 대회 주제를 정해 볼까?

우리 가족 글짓기 대회 주제는 (   ).

이은경쌤의 초등 글쓰기 완성 시리즈
자유글쓰기

1판 1쇄 펴냄 | 2021년 4월 5일
1판 20쇄 펴냄 | 2024년 9월 30일

지은이 | 이은경
발행인 | 김병준 · 고세규
편 집 | 박유진
마케팅 | 김유정, 최은규
발행처 | 상상아카데미

등 록 | 2010. 3. 11. 제313-2010-77호
주 소 | 서울시 마포구 독막로 6길 11(합정동), 우대빌딩 2, 3층
전 화 | 02-6953-7790(편집), 02-6925-4188(영업)
팩 스 | 02-6925-4182
전자우편 | main@sangsangaca.com
홈페이지 | http://sangsangaca.com

ISBN 979-11-85402-37-6 (74800)

· KC마크는 이 제품이 공통안전기준에 적합하였음을 뜻합니다.
· 잘못 만들어진 책은 구입하신 서점에서 교환해 드립니다.

이은경쌤의 초등 글쓰기 완성 시리즈 활용법

도서	주제	이런 친구에게 추천해요	권장 학년
세줄쓰기	하루 세 줄로 글쓰기 시작!	• 글쓰기를 해 본 적 없어서 낯설고 어려운 친구 • 글쓰기 슬럼프에 빠져 아무것도 쓰고 싶지 않은 친구	전학년
전래동화 바꿔쓰기	전래동화 명장면을 새롭게 바꿔 쓰기	• 어떤 재미난 책을 읽어도 내용이 잘 기억나지 않는 친구 • 나만의 이야기를 쓰고 싶은데 막상 엄두가 안 나는 친구	1~3
주제 일기쓰기	질문에 답하면서 오늘 일기 완성!	• 일기 쓸 때마다 뭘 써야 할지 생각나지 않는 친구 • 부모님 도움 없이 혼자서도 일기를 써 보고 싶은 친구	3~5
표현 글쓰기	의성어, 의태어로 멋진 문장 쓰기	• 매일 비슷비슷한 문장만 쓰느라 글쓰기가 지겨워진 친구 • 글 잘 쓴다는 칭찬을 받고 우쭐해지고 싶은 친구	1~3
자유글쓰기	자유롭게 마음껏 긴 글 쓰기	• 자유롭게 마음껏 상상하는 것을 좋아하는 친구 • 한 장 꽉 채워 쓰기에 도전해 보고 싶은 친구	3~5
생각글쓰기	내 생각과 이유를 정리해서 쓰기	• 〈세줄쓰기〉, 〈자유글쓰기〉를 써 보면서 자신감이 붙은 친구 • 논술에 도전해 보고 싶지만 아직은 자신이 없는 친구	5~중1
[기본] 책읽고쓰기	읽은 내용을 짧게 정리하기	• 책 읽는 건 좋아하지만 독서록은 아직 안 써 본 친구 • 독서록을 써 봤지만 힘들어서 다시는 안 쓰고 싶은 친구	1~3
[심화] 책읽고쓰기	읽은 내용을 글로 정리하기	• 독서록 숙제를 해 봤는데, 정말 겨우겨우 써서 낸 친구 • 책을 읽고 나서 내 생각을 정리해 보고 싶은 친구	3~5
왜냐하면 글쓰기	질문에 답하면서 선택과 이유 쓰기	• '왜'라는 질문에 늘 '그냥'이라고 대답했던 친구 • 논리가 무엇인지, 논술이 무엇인지 어렵기만 한 친구	1~3
[기본] 교과서논술	주장과 까닭을 쓰며 논술 맛보기	• 〈왜냐하면 글쓰기〉, 〈생각글쓰기〉를 써 본 친구 • 논술을 써 본 적은 없지만 시도해 보고 싶은 친구	3~5
[심화] 교과서논술	진짜 논술 실력 다지기	• [기본] 〈교과서논술〉, 〈논술 쓰기〉를 써 본 친구 • 중학교 입학을 앞두고 탄탄한 논술 실력을 다지고 싶은 친구	5~중1
논술 쓰기	개요를 작성하며 주장하는 글 쓰기	• 글쓰기 경험은 많지만 논술은 써 본 적 없는 친구 • 다른 학원에 가느라 논술 학원을 다닐 시간이 없는 친구	3~5
[기본] 주제 요약하기	재미있는 글에서 주제 찾기	• [기본] 〈책읽고쓰기〉, 〈자유글쓰기〉를 써 본 친구 • 재미있게 글을 읽었는데도 요약해서 설명하기 어려운 친구	3~5
[심화] 주제 요약하기	비문학 글에서 주제 찾기	• [심화] 〈책읽고쓰기〉, 〈자유글쓰기〉를 써 본 친구 • 신문 기사를 읽고 어떤 내용인지 잘 이해가 안 가는 친구	5~중1
수행평가 글쓰기	과목별·유형별로 수행평가 대비	• [심화] 〈주제 요약하기〉, [기본] 〈교과서논술〉을 써 본 친구 • 보고서 쓰기가 어려운 친구	5~중1

* 영어도 대비하고 싶다면? 영어 한줄쓰기 ▶ 영어 세줄쓰기 ▶ 영어 일기쓰기